Inhalt

Rentenversicherung - wie zukunftsfähig ist die Altersvorsorge?

Kernthesen

Beitrag

Fallbeispiele

Weiterführende Literatur

Impressum

Rentenversicherung - wie zukunftsfähig ist die Altersvorsorge?

I.Lukmann

Kernthesen

- Die Höhe der Rentenbezüge ist maßgeblich davon abhängig, wie sich die Konjunktur entwickelt und wie viele sozialversicherungspflichtig Beschäftigte in die Rentenkassen einzahlen. (9), (13), (14)
- Das Rentensicherungsgesetz, das zum 1. Juli 2006 in Kraft tritt, sichert ab, dass die Rentenbezüge unabhängig von der Lohnentwicklung in Zukunft nicht sinken können. (10), (12), (13)
- Die Kapitallebens- und weitere private Rentenversicherungsmodelle sollen die

Lücke in der gesetzlichen
Rentenversicherung schließen. (9), (13), (14)

Beitrag

Die Schätzungen zur gesetzlichen Rentenversicherung sind seit Jahren wenig positiv. So soll beispielsweise der Rentenbeitrag 2008 bereits die 20 Prozent Grenze durchbrechen. Auch Schätzungen in der Vergangenheit waren ähnlich desillusionierend. Die Bundesregierung hat sich regelmäßig in Bezug auf die Einnahmen der Rentenkassen verschätzt. Die Hauptursachen für diese Fehlkalkulationen waren in der Regel eine schlechtere Konjunkturentwicklung sowie ein stetiger Rückgang der versicherungspflichtig Beschäftigten in Deutschland.

Dennoch erwarten die Wirtschaftsforschungsinstitute eine Trendwende. Zum einen soll sich die Anzahl der sozialversicherungspflichtig Beschäftigten nur noch geringfügig verringern, das heißt von 320.000 in 2005 auf etwa 30.000 in 2006. 2007 soll sogar ein Anstieg von 100.000 sozialversicherungspflichtig Beschäftigten möglich sein. Die Erwartungen der Wirtschaftsforschungsinstitute in Bezug auf die Lohnentwicklungen in Deutschland sind ebenfalls positiv. (4), (6), (9), (10), (11), (13)

Rentenpolitik

Das aktuelle Rentensicherungsgesetz sieht vor, dass die Bezüge von 20 Millionen Rentnern, unabhängig von der künftigen Lohnentwicklung, nicht mehr sinken dürfen. Das Gesetz wird zum ersten Juli 2006 gültig. Eine Möglichkeit zur Erhöhung der zukünftigen Rentenbezüge ist durch das Gesetz allerdings ausgeschlossen. Laut Bundesregierung kann eine Erhöhung der Rente aus zwei Gründen nicht erfolgen: Zum einen finanzieren heutzutage drei Beschäftigte einen Rentner, während in den 50-er Jahren acht Beschäftigte einen Rentner finanziert haben. Das bedeutet, dass weniger Beitragszahler auf Rentner eine negative Auswirkung auf die Höhe der Renten haben. Die zweite Begründung ist eine faktisch längere Lebenserwartung, die es unter anderem erforderlich macht, dass das Renteneintrittsalter auf 67 Jahre heraufgesetzt werden muss. (10), (12), (13)

Die Rentenhöhe und bisherige

Berechnungen der gesetzliche Rentenversicherung

Die gesetzliche Rentenversicherung sendet seit 2002 jährlich eine Auskunft über die zu erwartende Rentenhöhe an jedes ihrer Versicherungsmitglieder. Ziel dabei ist es, die Informationen über die Rentenhöhe, die so genannte gegenwärtige Rentenanwartschaft, realistischer zu berechnen und zu kommunizieren. Damit wird den Versicherten eine bessere Einschätzung ihrer zukünftigen Finanzlage im Rentenalter ermöglicht. Dies schafft eine konkretere Basis für eine private Altersvorsorge. [(10)](10), [(11)](11)

Die Berechnungen der zu erwartenden Rentenhöhe nach dem 65. Lebensjahr sah anfangs eine Rentensteigerung von 1,5 bis 3,5 Prozentpunkten als möglich an. Diese Schätzung wurde auf eine maximale Steigung von etwa 2,5 Prozent reduziert, die sich nach drei Nullrunden ebenfalls als unrealistisch erwiesen hat. Die derzeitige Kalkulation geht daher von einer durchschnittlichen Rentensteigerung von etwa einem bis zwei Prozentpunkten aus. Die Korrektur der Schätzung wird laut Deutschem Rentenversicherung Bund (DRB) aufgrund der korrigierten Annahmen zu zukünftigen Lohnentwicklungen getroffen, die im aktuellen Rentenversicherungsbericht der Bundesregierung ausgewiesen worden sind. Ein weiterer Grund für die Anpassungen sind, laut DRB, geänderte gesetzliche Rahmenbedingungen wie beispielsweise eine Anhebung des gesetzlichen Renteneintrittsalters auf 67 Jahre sowie eine Einführung des so genannten Nachholfaktors. Bei der Hochrechnung der Rentenhöhe wird außerdem weder die Inflationsrate noch der Kranken- und Pflegeversicherungsbeitrag sowie die Steuerbelastung berücksichtigt. (1), (3), (9), (11), (12), (13), (14)

Rentenversicherung mit Kapitalwahlrecht

Die Riester-Rente sorgt dafür, dass die gegenwärtige Versorgungslücke in der gesetzlichen Rentenversicherung ausgeglichen werden kann. Eine zusätzliche private Rentenversicherung sorgt dafür, dass einer Verschlechterung des Lebensstandards im Alter vorgebeugt werden kann. Der Abschluss einer privaten Rentenversicherung bietet die Sicherheit, dass lebenslang Zahlungen im Rentenalter erfolgen. Außerdem ermöglicht die private Vorsorge eine Überschussbeteiligung unter der Berücksichtigung von Kapitalmarktentwicklungen.

Es gibt verschiedene Wahlmöglichkeiten der privaten

Rentenversicherung: eine Rentenversicherung mit aufgeschobenen Leistungen, eine Sofortrentenversicherung sowie eine Rentenversicherung mit Kapitalwahlrecht. Letztere hat eine weitere Auswahlmöglichkeit: die Auszahlung des Versicherungsbetrages bei der so genannten Kapitalabfindung oder die monatliche Zahlung einer lebenslangen Rente. (5), (9), (13), (14)

Kapitallebens- und Private Rentenversicherung

Der Abschluss einer Kapitallebens- oder privaten Rentenversicherung hat sich am deutlichsten im Jahre 2005 rentiert. Da nur in solchen Fällen die zukünftige Auszahlung des Rentenbetrages steuerfrei bleiben wird. Die Voraussetzungen hierfür sind jedoch, dass der Vertrag mindestens zwölf Jahre besteht und in der Zwischenzeit keine Änderungen bzw. Angleichungen des Vertrages (zum Beispiel Laufzeit, Beitrag oder Versicherungssumme) vorgenommen worden sind. Dies würde laut Bundesfinanzhof (AZ VIII R 71/04) wie ein Neuabschluss beurteilt werden müssen, sodass der Steuervorteil in diesen Fällen hinfällig werden würde. Der Steuervorteil bleibt bestehen, wenn im Vertrag eine Möglichkeit zur Vertragsänderung (zum Beispiel flexible Auszahlungstermine oder die Möglichkeit zur Erhöhung von Beiträgen) eingetragen worden ist. (7)

Steuerliche Aspekte

Die private Rentenvorsorge wird aus dem Nettoeinkommen bezahlt und kann daher nicht als Sonderausgabe steuerlich geltend gemacht werden, wohingegen die Basisrente (Rürup-Rente) sowie die Riesterrente steuerlich abzugsfähig sind. Die private Rente wird zum Ausgabezeitpunkt in einer pauschalierten Höhe mit dem persönlichen Satz besteuert. (9), (13), (14)

Fallbeispiele

Die steuerlich geförderte Riesterrente wird zunehmend in Anspruch genommen. So zeigen die Zahlen des ZfA (Zentralen Zulagenstelle für Altersvermögen) des Deutschen Rentenversicherung Bund einen vierfachen Anstieg der Auszahlungssumme im Vergleich zum Vorjahr an. Die diesjährigen Zahlungen von rund 315,5 Millionen

Euro verteilen sich auf etwa 2,47 Millionen Zulageverträge. Die Ursache für den Anstieg der Anzahl an Riesterverträgen zwischen Februar und April 2006 liegt darin begründet, dass die Abwicklung des Zulageverfahrens maßgeblich durch die Einführung des so genannten Dauerzulageantrags vereinfacht worden ist. (5)

Weiterführende Literatur

(1) DGB: Ausbau der Rentenversicherung
aus Rheinische Post Nr. vom 24.05.2006

(2) Büser, Wolfgang, Ungeschminkte Informationen - Die gesetzliche Rentenversicherung will ihre Versicherten besser darüber unterrichten, wie hoch die Rente sein wird, Badische Zeitung, 20.05.2006
aus Rheinische Post Nr. vom 24.05.2006

(3) O.V., Rentenversicherung nimmt Prognosen zurück, Kölnische Rundschau, 19.05.2006
aus Rheinische Post Nr. vom 24.05.2006

(4) RENTENVERSICHERUNG Zweckpessimismus
aus HANDELSBLATT online 18.05.2006 06:00:00

(5) Deutsche Rentenversicherung Bund verzeichnet steigende Auszahlungsbeträge bei der Riesterförderung
aus news aktuell, 2006-05-12

(6) Deutsche Rentenversicherung Bund widerspricht Kritik zur Finanzierung von Fernsehbeiträgen
aus news aktuell, 2006-05-12

(7) VERSICHERUNG Auf Steuervorteil achten Wer rechtzeitig Rentenversicherung abgeschlossen hat, kann sich freuen
aus Trierischer Volksfreund vom 22.04.2006

(8) Kaum Vertrauen in Rentenversicherung Umfrage bei Arbeitnehmern
aus Berliner Zeitung, Ausgabe 87 vom 12.04.2006, S. 13

(9) Geringfügig Beschäftigte mit oder ohne Lohnsteuerkarte Minijobber haben Wahlrecht bei der Rentenversicherung
aus Berliner Zeitung, Ausgabe 84 vom 08.04.2006, S. S01

(10) Der Steuerratgeber Beiträge zur gesetzlichen Rentenversicherung keine Werbungskosten
aus Aachener Nachrichten vom 03.04.2006

(11) Die Rentenversicherung ist viel besser als ihr Ruf
aus Süddeutsche Zeitung, 23.03.2006, Ausgabe Deutschland, S. 2

(12) Die neue alte Rentenversicherung
aus Frankfurter Allgemeine Zeitung, 30.09.2005, Nr. 228, S. 11

(13) Keine Wahl // Alle Parteien wollen die Rentenversicherung retten. Die Konzepte ähneln sich:

Länger arbeiten, weniger kassieren
aus Der Tagesspiegel Nr. 18932 VOM 22.08.2005 SEITE 017

(14) Rendite der gesetzlichen Rentenversicherung auch in Zukunft positiv
aus HANDELSBLATT online 20.5-.7-05 00:00:00

Impressum

Rentenversicherung - wie zukunftsfähig ist die Altersvorsorge?

Bibliografische Information der deutschen Nationalbibliothek

Die Deutsche Nationalbibliothek verzeichnet diese Publikation in der deutschen Nationalbibliografie; detaillierte bibliografische Daten sind im Internet über http://dnb.d-nb.de abrufbar.

ISBN: 978-3-7379-1741-4

© 2015 GBI-Genios Deutsche Wirtschaftsdatenbank GmbH, Freischützstraße 96, 81927 München, www.genios.de

Alle Rechte vorbehalten. Dieses Werk ist einschließlich aller seiner Teile – z.B. Texte, Tabellen und Grafiken - urheberrechtlich geschützt. Jede Verwertung außerhalb der Grenzen des Urheberrechtsgesetzes bedarf der vorherigen Zustimmung des Verlags. Dies gilt insbesondere auch für auszugsweise Nachdrucke, fotomechanische

Vervielfältigungen (Fotokopie/Mikroskopie), Übersetzungen, Auswertungen durch Datenbanken oder ähnliche Einrichtungen und die Einspeicherung und Verarbeitung in elektronischen Systemen.